Ⓟ Parramón

LAS SELVAS

PLANETA VIVO

Las palabras con un asterisco*
se explican en el glosario de las páginas 30 y 31.

Las selvas
© Parramón Ediciones S.A.
Segunda edición: mayo 2001

Dirección editorial: Mª Fernanda Canal
Textos: Marta Serrano, bióloga
Ilustraciones: Marcel Socías
Diseño de la colección: Beatriz Seoane
Maquetación: Josep Guasch
Dirección de producción: Rafael Marfil

Editado por Parramón Ediciones, S.A.
Gran Via de les Corts Catalanes, 322 - 324
08004 Barcelona

ISBN: 84-342-1976-X
Depósito legal: B-21.851-2001
Impreso en España

ÍNDICE

La selva, un superpoblado y ruidoso edificio

Las **selvas tropicales** son los ecosistemas* terrestres con mayor abundancia y variedad de seres vivos. En ellas el espacio está repleto de plantas, animales y microorganismos, por lo que su cantidad de biomasa* es superior a la de cualquier otro lugar del planeta. Además, muchos de los organismos que las habitan son realmente espectaculares: los árboles más altos, las plantas y los animales más exóticos, las especies más variadas, tienen allí su residencia. Posiblemente por ello, las selvas han fascinado siempre a **viajeros y exploradores**, y los **científicos** tienen en ellas un vastísimo campo de investigación que los sorprende cada día con un nuevo descubrimiento.

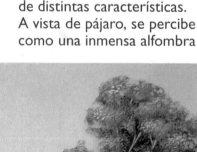

Las selvas de todo el mundo han sido exploradas desde antaño en busca de sus riquezas pero, sobre todo, por el afán de descubrir tierras aún vírgenes.

La selva está estructurada como un edificio, con pisos de distintas características. A vista de pájaro, se percibe como una inmensa alfombra verde donde, como azoteas, despuntan árboles de gran altura (60-70 m); éste es su nivel más cálido, seco y ventoso. Por debajo de él, la alfombra selvática está urdida por las copas de los árboles de alturas comprendidas entre los 25 y 45 m; se trata de un nivel también muy luminoso, que absorbe la mayor parte de la radiación solar y reduce el impacto de las lluvias y los vientos sobre el suelo. Este techo vegetal no está únicamente formado por capas arbóreas. Los troncos y hojas suelen estar densamente cubiertos por plantas denominadas **epífitas,** que se desarrollan sobre otros vegetales.

También se encuentran aquí **lianas,** que complican aún más la intrincada estructura vegetal. En el **sotobosque**, el piso más bajo y húmedo de la selva, la sombra de los árboles crea una opresiva y calurosa penumbra, que, al dejar casi a oscuras el suelo, impide que en éste la vegetación se desarrolle con normalidad, haciéndolo fácilmente transitable.

En la planta baja de la selva se percibe el envolvente eco de la infinidad de sonidos que emiten los animales que allí viven. Las distintas especies animales se instalan en la compleja estructura vegetal selvática, buscando las condiciones ambientales más adecuadas a su forma de vida; así, en cada piso encontramos a unos **vecinos** determinados, algunos de los cuales, como los monos o los loros, son realmente ruidosos.

Muchos hombres han hecho de la selva su hogar. El conocimiento de senderos y caminos les resulta fundamental para su supervivencia.

Una explosión de vida

La variedad de **organismos** en las selvas es tan grande que, aunque éstas ocupan únicamente el 7% de la superficie terrestre, contienen más de la mitad de todas las especies de seres vivos conocidas. En un área equivalente a la que ocupa un campo de fútbol pueden encontrarse cerca de 300 especies diferentes de árboles y, en sólo uno de esos árboles pueden llegar a habitar hasta 150 tipos de

Debido al gran número de especies vegetales que forman los bosques de la selva, las floraciones se dan de manera escalonada y durante todo el año, haciendo gala de una gran espectacularidad.

escarabajos. Además, en ellas habitan infinidad de organismos aún desconocidos, que, día a día, van siendo descubiertos por los científicos.

Esta gran diversidad es posible gracias a que las selvas se distribuyen alrededor del **ecuador**, franja de la Tierra que recibe la mayor cantidad de radiación solar. Ello permite la proliferación de muchos organismos vegetales, que, mediante la fotosíntesis*, producen materia orgánica para su desarrollo. Las plantas proporcionan alimento a algunos animales, al tiempo que entretejen una espesa maraña de hábitats* diferentes que alojan a una gran variedad animal. Esta biodiversidad también es consecuencia de la constancia de las condiciones climáticas en los últimos milenios.

La estabilidad del clima permite a los organismos evolucionar y diversificarse, sin perturbaciones que conlleven la extinción de especies; al menos hasta que los humanos han decidido explotar las selvas. Todo ello ha dado lugar a que la diversidad esté presente tanto en las plantas como en el mundo animal. Dentro de esta impresionante variedad se encuentran algunos de los organismos más llamativos de la Naturaleza.

Las aves más espectaculares de la Tierra viven en la bóveda selvática. Desde los colibríes, no mayores que una mariposa, hasta los tucanes, de enorme aunque ligero pico, pasando por cotorras y loros de todos los tamaños y colores. También se encuentran en la selva los árboles más altos, las plantas más exuberantes y las flores más bellas, como las **orquídeas,** sin duda, el grupo vegetal más diversificado. Ciertas áreas de la selva presentan una mayor diversidad que el resto. Esto se debe a que, en la última glaciación, gran parte del dominio de las selvas se transformó en sabana y sólo ciertas zonas boscosas pudieron sobrevivir. Estas son las que actualmente contienen una excepcional diversidad biológica, por lo que deben conservarse como una herencia para el futuro de la humanidad.

En la selva, las formas de vida y las fuentes de alimento son también muy variadas. Muchas mariposas liban el néctar de las flores, mientras que otras se alimentan de heces animales.

Exuberancia selvática

El clima de la selva se caracteriza por sus altas temperaturas, relativamente constantes, y por unas abundantes **precipitaciones**, distribuidas regularmente a lo largo del año. Estas condiciones, tan propicias para la vida, son posibles gracias a la gran disponibilidad de energía solar que existe alrededor del ecuador. En esas latitudes, los rayos solares inciden perpendicularmente durante todo el año, de modo que las temperaturas nunca suelen bajar de los 20°C. Las **estaciones están poco diferenciadas**, y no hay épocas desfavorables para las plantas, que pueden crecer constantemente.

Las zonas cercanas al ecuador reciben una cantidad constante de radiación solar a lo largo del año. Ello explica que en ellas apenas se distingan las estaciones.

La **intensa insolación** existente entre los **trópicos** produce una fuerte evaporación del agua del mar y de los ríos, por lo que el aire está cargado de humedad. Además, la gran **masa vegetal selvática**, a causa del calor, sufre una intensa pérdida de agua en forma de vapor por el proceso de la evapotranspiración*, contribuyendo a la elevada **humedad ambiental**.

Todo ello explica que se formen muchas nubes sobre la zona, que provocan precipitaciones muy abundantes.

La evapotranspiración de la vegetación es la responsable de la mitad de la **pluviosidad** que cae en la selva. En las selvas montañosas, el clima es algo más fresco debido a la altitud, pero resulta también muy húmedo a causa de las constantes **nieblas**. La lluvia a menudo cae sobre la selva con una sorprendente intensidad. Las gotas de agua, al golpear contra el dosel selvático, producen un estruendo tal, que se forma un gran revuelo entre los animales e impresiona a aquél que se halla en el suelo.

Las precipitaciones en la selva son muy abundantes. En general, sus valores anuales oscilan entre los 2.000 y 3.000 l/m². En algunas áreas es normal que llueva todos los días.

Selvas del mundo

La mayor parte de las selvas se encuentran entre los trópicos, circundando prioritariamente el ecuador. En Asia existen algunas áreas de selva situadas por encima del trópico de Cáncer.

Las selvas ocupan una extensión considerable de las tierras comprendidas entre los trópicos, repartiéndose por América, África y el Sudeste asiático; por las grandes islas de Madagascar, Nueva Guinea y Australia, así como por algunas áreas del océano Pacífico. El dominio selvático más extenso se encuentra en América del Sur e incluye la cuenca del río Amazonas. Las distintas selvas del mundo pueden clasificarse en tres tipos. En primer lugar, están las **pluvisilvas,** o selvas lluviosas, siempre verdes, en las que las precipitaciones son constantes a lo largo del año y no existe una época de sequía; éstas se extienden por zonas llanas, normalmente junto a grandes y caudalosos ríos. Las **selvas nebulosas** son las situadas en zonas montañosas, y en ellas las nieblas invaden casi permanentemente el paisaje; sus temperaturas son algo más bajas, y también permanecen verdes durante todo el año. Por último, están las llamadas **selvas monzónicas semicaducifolias** o **junglas,** situadas en Asia, en las que la pluviosidad no se distribuye uniformemente a lo largo del año, pues existe una época de sequía de tres meses durante la cual algunos árboles pierden las hojas.

Las selvas situadas en zonas montañosas suelen estar siempre cubiertas de espesas nieblas. Las temperaturas son algo más frescas que en las de llanura, y los árboles tienen un aspecto más achaparrado.

La selva de Australia es poco extensa y constituye el vestigio de lo que fue la antigua pluvisilva que cubría gran parte de este continente. Su fauna es bastante peculiar. Las selvas de los continentes americano, africano y asiático, a pesar de la lejanía entre ellas, presentan muchas semejanzas. Así, por ejemplo, los monos están presentes en todas ellas.

Las selvas amazónicas y africanas se encuentran en las cuencas de grandes ríos. En las zonas de llanura, éstos discurren muy lentamente, formando característicos meandros.

En algunas zonas selváticas pantanosas crecen los mangles, árboles cuyas raíces sobresalen del nivel del agua para así poder captar oxígeno. La mayoría de los manglares del mundo se encuentran en Asia oriental.

11

Selva rica, suelo pobre

La exuberancia de la selva enmascara una sorprendente contradicción. El lugar más rico de la Tierra en cuanto a vegetación se asienta sobre un **suelo pobre**, de poca fertilidad. Las abundantes precipitaciones lo lavan, arrastrando las sustancias nutritivas a sus zonas profundas. Además, el agua y las altas temperaturas hacen que el suelo se vuelva muy ácido, y por lo tanto poco apropiado para el desarrollo de las plantas. Pese a todo, las propias **condiciones climáticas** de la selva son las responsables de que en ella se encuentren las mayores masas vegetales del planeta. La selva utiliza el suelo a modo de vertedero, depositando en su superficie una gran cantidad de materia orgánica en forma de hojas secas y pedazos de madera muerta, así como de excrementos y cadáveres de animales. Las condiciones ambientales -el fuerte calor y la elevada humedad atmosférica- hacen que esta materia orgánica se descomponga a gran velocidad por los **microorganismos** y sobre todo por los hongos*, abundantísimos en las capas superficiales del suelo y muy activos en dichas condiciones.

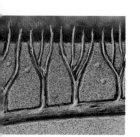

El reciclaje de nutrientes en el suelo de la selva es muy rápido. En cuanto la materia orgánica libera sus elementos, al descomponerse, éstos son absorbidos por las plantas.

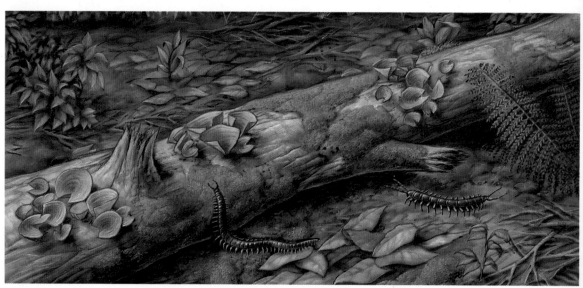

Los hongos se extienden en forma de fibras apenas perceptibles, que se desarrollan muy rápidamente por encima y a través de la materia orgánica, digiriéndola y dando lugar a sustancias más sencillas.

Los **nutrientes** de los restos en descomposición son así liberados rápidamente y, antes de que se pierdan por la acción del agua de lluvia, son inmediatamente absorbidos por las raíces de las plantas y por las **micorrizas**, hongos que viven en las raíces y que aumentan la capacidad de absorción de éstas. De ahí que las raíces de los gigantescos árboles que pueblan la selva nunca se ahonden mucho en el suelo, sino que se distribuyan por él a poca profundidad, con el fin de aprovechar al máximo los nutrientes de la superficie.

El rápido reciclaje* de nutrientes que tiene lugar en las selvas es muy eficaz, pero sólo cuando las masas arbóreas se mantienen intactas. Si los árboles se talan, el aporte de materia orgánica se reduce, el agua lava y disgrega el suelo, y los microorganismos tienden a desaparecer. Los suelos desnudos dejan al descubierto su escasa fertilidad y el paisaje resultante es desolador.

Las raíces de los árboles de la selva no se introducen profundamente en el suelo, por lo que para poder sujetarlos, se disponen alrededor de sus troncos a modo de contrafuertes.

Cuando los ríos se desbordan

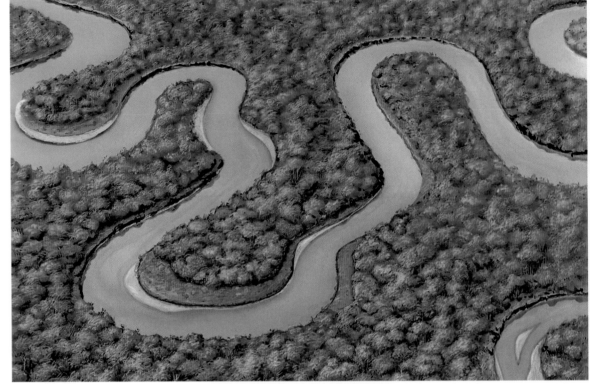

Las pirañas son depredadores armados de afilados dientes, que, en ocasiones, se reúnen en grupos numerosos. Entonces, pueden cazar animales grandes, a los que devoran rápidamente.

En ningún lugar del mundo hay tanta **agua dulce** disponible como en las selvas. Su abundante pluviosidad alimenta algunos de los ríos más caudalosos de la Tierra, como el Amazonas, en América del Sur, o el Congo y el Nilo, en África. A menudo, estos ríos constituyen la mejor vía de comunicación para moverse por la selva. Se trata de cuencas fluviales que incluyen ríos caudalosos e infinidad de afluentes.

El Amazonas, por ejemplo, recibe 1.100 afluentes, algunos de ellos con un elevado caudal.

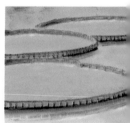

La fauna presente en los ríos es abundante. Por ejemplo, en el Amazonas viven los butúes, delfines de río que pueden alcanzar los 2,5 m de longitud. Los nativos nunca les hacen daño, pues sienten por ellos un especial cariño.

Periódicamente los ríos tropicales sufren grandes **crecidas**, inundando la tierra circundante. El Amazonas, por ejemplo, debido a las importantes lluvias que en diciembre reciben las montañas de su cuenca, experimenta un gran aumento de caudal que dura entre cuatro y ocho meses. Las zonas anegadas constituyen las llamadas

llanuras de inundación, formadas por lagos, canales y áreas boscosas emergidas. Las plantas que habitan en estas llanuras se han adaptado a sus condiciones, soportando la falta de oxígeno en sus raíces. Cuando las aguas vuelven a su cauce, sobre el terreno se sedimentan* materiales ricos en nutrientes, aprovechados por la vegetación de la zona.

En los ríos tropicales vive una gran cantidad de especies animales y vegetales realmente fascinantes, además de los butúes, como cocodrilos, pirañas, gigantescos nenúfares, etc.

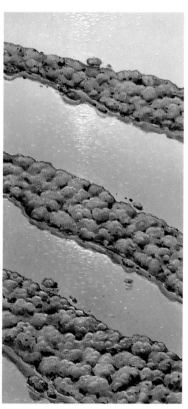

Las hojas gigantes del nenúfar Victoria, que flotan en las aguas de la cuenca amazónica, son capaces de soportar el peso de un niño.

Carrera hacia la luz

A causa de la **escasez de luz**, **en el suelo** la vida vegetal carece de la exuberancia presente en las copas de los árboles. Existen, por ello, algunos matorrales y algo de vegetación herbácea, que no recubren por completo el terreno. Entre los arbustos se encuentran plántulas* de árboles cuyas semillas germinaron hace mucho tiempo y que, debido a la penumbra, han visto frenado su crecimiento. Asimismo, en la hojarasca, depositada allí por animales, se hallan semillas que no pueden germinar por falta de luz.

Con todo, cuando un árbol muere y cae, las cosas cambian. Este hecho se produce de manera natural: por vejez, por el ataque de parásitos, etc., y más frecuentemente por la acción del viento. En su caída a menudo arrastra ramas o árboles vecinos. Debido a ello, se crea entonces una brecha en el techo de la selva, que permite la entrada de luz a la porción de suelo despejada. En dicha área

Cuando se abre una brecha en la masa de copas, en el área de suelo ahora iluminada se produce un gran crecimiento vegetal. Allí, entonces, el sotobosque se vuelve intransitable.

se inicia una rápida carrera: las semillas pueden germinar, los pequeños árboles empiezan a crecer, y unas y otros luchan por tomar altura antes de quedar nuevamente sombreados por el vecino. El crecimiento desmesurado da lugar, con el tiempo, a que la brecha vuelva a cerrarse.

Los **claros de la selva** no sólo se producen por causas naturales. En realidad, son más frecuentes los realizados expresamente por los humanos, con finalidades agrícolas. Se llevan a cabo sistemas de cultivo como las **rozas**, despeje de zonas para el cultivo o, simplemente, la explotación forestal.

El fuego es también un elemento que puede abrir claros en la selva. Los nativos lo aprovechan para despejar pequeñas áreas y cultivar sobre las cenizas (sistema de rozas).

De la hormiga al elefante

Como las condiciones en la selva han permanecido constantes durante milenios, su flora y su fauna han tenido mucho tiempo para conocerse. Las numerosas especies vegetales proporcionan cobijo o alimento a muchos animales, y éstos, a su vez, trabajan para ellas, polinizándolas* o diseminando sus semillas. Otras plantas, en cambio, se protegen de los animales mediante espinas o sustancias venenosas, para evitar ser ingeridas por ellos.

A pesar de estas estrategias defensivas, una enorme cantidad de material vegetal es **comestible,** lo que permite la existencia de un sinfín de animales herbívoros, así como de aquéllos que se alimentan de frutos, semillas, néctar, polen o restos vegetales en descomposición. Entre ellos encontramos desde los grandes elefantes asiáticos hasta los más diminutos insectos, pasando por los murciélagos, aves, ciempiés, gorilas, etc.

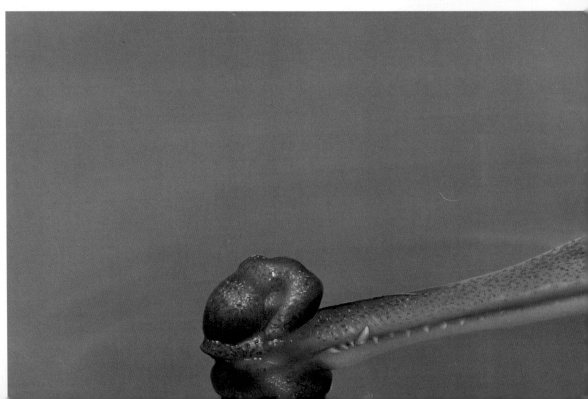

La enorme cantidad de material vegetal permite la existencia de muchos herbívoros y éstos, a su vez, la de los carnívoros, entre los que destacan los felinos, grandes cazadores.

Estos **"vegetarianos",** a su vez, propician la existencia de **depredadores*** **carnívoros**, a los que sirven de alimento, tales como cocodrilos, leopardos, arañas o serpientes, y también otras aves o insectos. Entre los **grandes cazadores** podemos destacar entre otros el jaguar en América del Sur, el tigre en Asia y la pantera en África y Asia. Otro tipo de depredadores, mucho más pequeños, son los **insectívoros**, que se alimentan de insectos. Para superar las formidables defensas de estos últimos, los depredadores deben especializarse en el tipo de presa que capturan. Los animales **carroñeros**, aquéllos que se alimentan de los cadáveres de otros animales, no abundan en la selva, ya que la humedad y el calor hacen que la descomposición se realice de manera muy rápida.

Los murciélagos, animales de hábitos nocturnos, suelen pasar el día colgados de las ramas de los árboles o en cuevas, protegidos por las membranas de sus alas. Al atardecer, reanudan su actividad.

Haciendo el mono

En un bosque tan complejo como la selva, es normal que la fauna arborícola sea tan nutrida. Muchos grupos animales han desarrollado **adaptaciones anatómicas** para moverse fácilmente por las alturas: manos, garras, colas prensiles, fuertes uñas, expansiones de la piel para planear... Estos animales memorizan cuidadosamente los caminos que toman entre las ramas, para recorrerlos después con mayor rapidez. Entre las especies arborícolas hay monos, murciélagos, roedores, reptiles, anfibios y, por supuesto, aves. Las aves son realmente hábiles para desplazarse a través de las intrincadas copas; muchas poseen alas cortas y redondeadas, que les facilitan el vuelo por espacios a veces muy estrechos.

No sólo las aves pueden desplazarse por el aire. Algunos reptiles, como el lagarto de la imagen, extienden su cuerpo y sus membranas al máximo con el fin de obtener un efecto de planeador y saltar de una rama a otra.

El que aves, monos o ardillas se muevan ágilmente por las copas de los árboles no extraña a nadie. Lo verdaderamente chocante es la existencia de lagartos, serpientes o ranas voladoras. Estos animales han desarrollado **mecanismos de planeo** que les permiten moverse como si fueran aviones de papel. Para alcanzar la rama vecina se impulsan con un salto y, al aumentar de superficie mediante las expansiones de su piel, empiezan a planear descendiendo suavemente.

La capacidad de volar o de desplazarse rápidamente de un árbol a otro que poseen estos animales, los convierte en una utilísima herramienta de la que la Naturaleza dispone para transportar y dispersar las semillas, e incluso para llevar a cabo la polinización.

Las ranas voladoras consiguen planear extendiendo las membranas que poseen entre sus largos dedos y estirando completamente su cuerpo.

Lo que mata también cura

Muchas de las plantas que crecen entre los trópicos, para no ser ingeridas por animales herbívoros o atacadas por organismos patógenos*, han desarrollado una serie de compuestos químicos que las protegen. Así, los animales que osan mordisquear sus hojas pueden sufrir desde un simple aturdimiento hasta la muerte. Los nativos de la selva conocen estas sustancias desde antiguo y las usan de varias maneras.

Los indígenas impregnan sus flechas con curare, una sustancia que se utiliza como veneno.

Algunas utilizan como veneno, untándolas en la punta de sus armas de caza, como el curare amazónico o la savia del árbol de la nuez vómica de Asia. Otras son recogidas con fines curativos, pues la medicina tradicional de las tribus de la selva posee un extenso conocimiento sobre los beneficios de las plantas. Es el caso de los curiosos frutos del guaraná, que guardan cierto parecido con ojos. Los recogen en verano y con ellos los indios amazónicos preparan bebidas con poderes curativos y vitamínicos. Finalmente hay plantas que son empleadas en las fiestas rituales por sus propiedades alucinógenas.

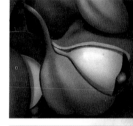

También existen venenos en el mundo animal. Muchas ranas arborícolas, por ejemplo, desprenden por su piel exudados tóxicos, para disuadir a sus posibles cazadores. Estos exudados también son utilizados por ciertas tribus para envenenar la punta de las flechas. Algunos animales depredadores, como la temida tarántula o distintas serpientes, utilizan el veneno para paralizar o matar a sus víctimas.

Los indios del Amazonas utilizan el guaraná para curar el parasitismo intestinal. Las semillas se utilizan también en bebidas carbonatadas.

Lo que arrancamos a la selva

La selva contiene una gran riqueza de recursos, que han sido utilizados no sólo por los pueblos nativos, sino también por toda la humanidad. Algunos ya se han nombrado en estas páginas, como la enorme cantidad de sustancias medicinales. Más de una cuarta parte de los medicamentos que usamos incluyen principios activos procedentes de la selva. Posiblemente allí se encuentre el remedio para muchas enfermedades, como el cáncer o el sida.

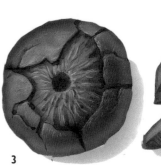

1. Mango
2. Papaya
3. Nuez del Brasil
4. Tamarindos
5. Fruta madera de cebra
6. Nuez moscada
7. Anana
8. Papunha

Una nueva especie vegetal descubierta en la selva puede significar el remedio para una enfermedad. Algunas plantas poseen compuestos que ayudan a combatir enfermedades como el cáncer, siendo básicas en la elaboración de medicamentos.

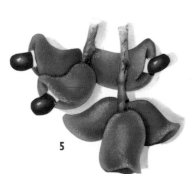

1

2

3

5

6

7

La principal materia prima extraída de la selva es la madera. La mayor parte de las maderas nobles con las que en los países ricos se construyen muebles, como el ébano o la caoba, provienen de estas tierras. Muchos son también los alimentos de origen selvático: frutas como el plátano, la piña o la chirimoya, y otras más exóticas como la papaya o el mango. Entre los cultivos originarios de la selva están los del azúcar, el café, el cacao y la vainilla.

De la selva también se han extraído tradicionalmente resinas, látex* y gomas de ciertas plantas. Un famoso látex es el caucho con el que se fabrican los neumáticos de los coches.

El látex es un líquido lechoso que desprenden algunas especies de árboles cuando se realizan incisiones sobre su corteza. El más importante económicamente es el caucho, utilizado en la fabricación de neumáticos.

Heridas de muerte

Las selvas tropicales están desapareciendo a un ritmo exorbitante. Cada minuto se destruye un área arbolada equivalente a 25 campos de fútbol. A este paso, en la cuenca amazónica, por ejemplo, el último árbol será talado en menos de 200 años.

La explotación maderera es una de las actividades responsables de la deforestación selvática. Aunque sólo algunas especies son objeto de dicha explotación, las talas que se realizan suelen ser masivas, afectando al resto de los árboles. Otra actividad deforestadora es la ganadería, para la que se queman extensas superficies de selva, que son utilizadas como pastos para el ganado destinado a la producción de carne.

La construcción de vías de comunicación de todo tipo a través de la selva ha provocado la tala y deforestación de amplias superficies.

Pese a todo, la mayor parte del problema se debe a la agricultura itinerante. Esta explotación ha sido practicada desde siempre por los pueblos nativos, que roturaban y quemaban pequeñas áreas con vistas a su cultivo durante algún tiempo, para, a continuación, desbrozar otras zonas, dejando que las primeras fueran reabsorbidas por la selva. Este proceso funcionaba mientras la población era reducida, pero el considerable aumento demográfico de este siglo ha

supuesto una mayor demanda de productos agrícolas. Así se desbroza más superficie de la que se puede regenerar. Además, en la agricultura actual se emplean fertilizantes* y pesticidas que contaminan los suelos y las aguas.

Los países por los que se distribuyen las selvas, pese a contener tanta riqueza, por lo general son pobres. No son los principales culpables de la deforestación, ya que, sobreexplotan sus bosques para cubrir la demanda de productos de los países avanzados o para pagar las deudas que han contraído con ellos. Todos tenemos nuestra parte de culpa. Y todos perderemos si la selva desaparece. Se perderá su riqueza en vida, cultura, medicinas, calidad medioambiental... Afortunadamente la humanidad está cada vez más sensibilizada, si bien se necesitan soluciones ¡ahora!

La utilización indiscriminada de los pesticidas en cultivos agrícolas provoca la contaminación de muchas zonas.

Comprueba y construye

Como "sudan" las plantas

La elevada humedad ambiental de la selva está en gran parte provocada por la transpiración vegetal. Si quieres observar este fenómeno en casa, no tienes más que colocar una bolsa de plástico, envolviendo el follaje de una planta colocada al sol. En poco tiempo podrás observar como se forman en el interior de la bolsa pequeñas gotitas de agua. ¡Imagínate la cantidad de agua que desprenderá la gigantesca masa vegetal de las selvas!

Imitando a la selva

El sotobosque de la selva es bastante sombrío, ya que es muy poca la luz que llega a traspasar la espesa bóveda arbórea, y ello impide que las plantas del suelo se desarrollen con normalidad. Resulta sencillo comprobar el efecto de la falta de luz en el crecimiento de las plantas. Siembra en una jardinera semillas de una especie, y cuando éstas hayan germinado, coloca una tela negra cubriendo la mitad de la superfície de la jardinera, apoyándola sobre palos, a modo de toldo, para que no aplaste las plántulas. En los días posteriores, levanta únicamente la tela para regar. Con el paso del tiempo comprobarás que, mientras en la parte iluminada las plantas crecen con normalidad, en el área sombreada no hay crecimiento. Puede suceder que algunas de las plántulas sombreadas más próximas al borde de la tela, hayan crecido inclinadas hacía la zona iluminada, y que las de las zonas más oscuras hayan blanqueado por pérdida de clorofila, el pigmento que capta la luz.

Clima a la carta ▶

En el cinturón ecuatorial, donde se encuentran la mayoría de las selvas terrestres, las condiciones climáticas son prácticamente constantes a lo largo de todo el año, y por ello las plantas pueden crecer con tanta exuberancia. En otras latitudes, las estaciones están más marcadas, y las condiciones no siempre son óptimas para el crecimiento vegetal. Las plantas ralentizan su metabolismo en las épocas de fríos intensos o de calores rigurosos. Para poder cultivar especies vegetales que no soportan ese contraste estacional, o simplemente obtener productos hortícolas fuera de temporada, se construyen invernaderos, recintos donde se pueden controlar las condiciones, otorgando a las plantas las temperaturas y los riegos necesarios.

Menú para hongos ▼

La materia orgánica se descompone muy rápidamente en la selva, debido al calor y la elevada humedad. Éstas son las condiciones óptimas para la vida de los organismos responsables de dicha descomposición, entre los que se cuenta a los hongos. Los más conocidos son las setas, que son

los cuerpos fructíferos de algunas especies. Si quieres conocer más tipos de hongos, busca un cultivo apetecible para ellos. Puede consistir simplemente en un tomate, o algún resto de alimento, colocado a la intemperie. Después de un tiempo podrás observar en su superficie unos pequeños filamentos blanquecinos, azules o grisáceos. Ese moho, no es otra cosa que hongos que están descomponiendo esa comida.

GLOSARIO

Alucinógeno.
Sustancia que afecta al sistema nervioso, dando lugar a alucinaciones y a distorsiones en la percepción de la realidad. Puede crear adicción, es decir, la necesidad imperiosa de tomar más.

Biomasa.
Masa total de los seres vivos que ocupan un área concreta de terreno. La selva es el sistema vivo que más biomasa contiene.

Depredador.
Animal que se alimenta de otros, para lo cual desarrolla técnicas de caza o trampas.

Ecosistema.
Unidad formada por todos los organismos que viven en una zona determinada y el medio físico que los acoge (tipo de suelo, temperatura, pluviosidad, etc.).

Evapotranspiración.
Proceso por el que las plantas pierden agua en forma de vapor a través de unos orificios microscópicos de las hojas denominados estomas. Este fenómeno se vuelve más acusado cuanto mayor es la temperatura ambiental.

Fertilizante.
Cualquier sustancia utilizada para incrementar la cantidad de nutrientes en los suelos cultivados y así aumentar la productividad de las cosechas. En exceso puede causar problemas de salinización de suelos o de contaminación de aguas.

Fotosíntesis.
Proceso que se realiza en las plantas verdes por el que la luz solar es captada y su energía utilizada para dar lugar a compuestos orgánicos, que son los que constituyen los seres vivos. Por eso, a las plantas se las denomina productores primarios. Durante este proceso también se necesita agua y sales minerales.

Hábitat.
Territorio que presenta unas condiciones ambientales concretas, donde viven una serie de organismos que están adaptados a ellas.

Herbívoro.
Animal que se alimenta exclusivamente de plantas. Son herbívoros desde los grandes elefantes hasta los saltamontes.

Hongos.
Organismos fijos como las plantas, pero que no pueden fotosintetizar. Se alimentan de materia orgánica en descomposición. Las setas constituyen las «flores» de algunos de ellos.

Látex.
Líquido presente en algunas especies vegetales, de color blanco, amarillo o rosado, que sirve para protegerlas de los herbívoros, a los que no les gusta ingerirlo, y también para impedir el paso de los microorganismos a través de sus heridas.

Patógeno.
Se dice de lo que puede provocar una enfermedad, sobre todo de los virus y las bacterias.

Plántula.
Es una planta en las primeras etapas de su vida, desde la germinación de la semilla hasta la fase adulta.

Polinización.
Proceso por el que una flor es fecundada al llegar el polen de sus estambres, o el de otra flor, a su pistilo. Ello da lugar a la formación del fruto. La polinización puede ser realizada por el viento o por animales que lleven los granos de polen adheridos al cuerpo.

Reciclaje.
Reutilización de una materia, un objeto, etc. El reciclaje de nutrientes reintroduce a éstos en el ciclo sin fin de la construcción y destrucción de la materia de la que están compuestos los seres vivos.

Sedimentarse.
Depositarse las partículas suspendidas en un líquido.